BEI GRIN MACHT SICH IHR WISSEN BEZAHLT

- Wir veröffentlichen Ihre Hausarbeit, Bachelor- und Masterarbeit

- Ihr eigenes eBook und Buch - weltweit in allen wichtigen Shops

- Verdienen Sie an jedem Verkauf

Jetzt bei www.GRIN.com hochladen und kostenlos publizieren

GRIN ☺

Unternehmerische Nachhaltigkeit, Corporate Social Responsibility und nationale rechtliche Rahmenbedingungen der CSR-Berichterstattung von Unternehmen

Bibliografische Information der Deutschen Nationalbibliothek:

Die Deutsche Nationalbibliothek verzeichnet diese Publikation in der Deutschen Nationalbibliografie; detaillierte bibliografische Daten sind im Internet über http://dnb.d-nb.de abrufbar.

ISBN: 9783346625205
Dieses Buch ist auch als E-Book erhältlich.

© GRIN Publishing GmbH
Trappentreustraße 1
80339 München

Druck und Bindung: Books on Demand GmbH, Norderstedt Germany
Gedruckt auf säurefreiem Papier aus verantwortungsvollen Quellen

Das vorliegende Werk wurde sorgfältig erarbeitet. Dennoch übernehmen Autoren und Verlag für die Richtigkeit von Angaben, Hinweisen, Links und Ratschlägen sowie eventuelle Druckfehler keine Haftung.

Das Buch bei GRIN: https://www.grin.com/document/1190429

Hausarbeit

Einsendeaufgabe: Alternative B

Modul: Corporate Governance

Studiengang: Finance, Accounting, Controlling & Taxation (M.Sc.)

Inhaltsverzeichnis

Inhaltsverzeichnis 2

Abkürzungsverzeichnis 3

Abbildungsverzeichnis 4

Aufgabe 1 5

Aufgabe 2 15

Aufgabe 3 18

Literaturverzeichnis 25

Abkürzungsverzeichnis

CSR   Corporate Social Responsibility

CSRD   Corporate Social Responibility Directive

DNK   Deutschen Nachhaltigkeitskodex

EFAS   European Federation of Financial Analysts Societies

EFRAG   European Financial Reporting Advisory Group

GRI   Global Reporting Initiative

ISSB   International Sustainability Standards Board

SGD   Sustainable Development Goals

TCFD   Task Force on Climate-related Financial Disclosures

4

Abbildungsverzeichnis

Abbildung 1: Einfache Drei-Säulen-Modell 9

Abbildung 2: Schnittstellenmodell (integratives Nachhaltigkeitsmodell) 9

Abbildung 3: Sustainable Development Goals 11

Abbildung 4: CSR-Reifegradmodell 17

Aufgabe 1

Der Begriff Nachhaltigkeit hat eine lange Historie und ist somit kein neues Thema. Seinen Ursprung hat der Begriff in der Forstwirtschaft. Die Herkunft datiert auf das Jahr 1713, denn in diesem Jahr forderte der Forstwirt[1] Carl von Carlowitz nur so viel Holz zu schlagen, wie auf natürlichem Wege nachwachsen kann.[2] Nachhaltigkeit bezog sich in dieser Zeit auf den langfristigen Erhalt eines natürliche Ressourcenbestanden. Der Nachhaltigkeitsbegriff hat sich in den vergangenen Jahrzehnten verändert und umfasst mittlerweile nicht mehr nur rein ökologische Aspekte. Ein entscheidender Schritt zur moderneren Nachhaltigkeitsdebatte wurde im Jahr 1972 vom Club of Rome gelegt, mit dem Bericht „Grenzen des Wachstums". Einerseits wuchs in den 1970er Jahren die Wirtschaft stark und anderseits wurde der Menschheit durch die Ölkrise die Abhängigkeit von fossilen Brennstoffen bewusst.[3] Ein weiterer Meilenstein in der Nachhaltigkeitsdebatte wurde durch den Bericht der Brundtland-Kommission gelegt unter der Leitung des damaligen norwegischen Ministerpräsidenten Gro Harlem Brundtland. Der Brundtland-Bericht war die Basis für die im Jahr 1992 in Rio de Janeiro stattfindende UN-Konferenz „Umwelt und Entwicklung".[4] Die Konferenz führte unter anderem zu folgenden Ergebnissen: Klimaschutz-Konvention, Walddeklaration sowie der Bekämpfung zur Wüstenbildung.[5] Als Fortsetzung stehen die Resultate des UN-Klimagipfels im Jahr 2015 in Paris unter dem Leitbild der nachhaltigen Entwicklung und Armutsbekämpfung.[6] 2021 folge eine weitere Klimakonferenz in Glasgow.[7] Auf die Ergebnisse der Konferenzen kann nicht im Detail eingegangen werden, aufgrund des begrenzten Umfangs der Einsendeaufgabe.[8]

Die UN-Nachhaltigkeitsziele der Agenda 2030 aus dem Jahr 2015 bilden ein weiteres bedeutsames Ereignis in der Nachhaltigkeitsdebatte. Auf dieses sowie die dabei formulierten 17 Nachhaltigkeitsziele wird ausführlicher im letzten Teil der Aufgabe 1 eingegangen.[9] Auf Basis des Brundtland-Berichtes wird die Nachhaltigkeit als Entwicklung, deren Ziel es ist die Lebensqualität der gegenwärtigen Generation zu sichern und gleichzeitig den zukünftigen Generationen die Wahlmöglichkeiten zur

---

[1] Anmerkung: Zur vereinfachten Lesbarkeit wurde für die Hausarbeit das männliche Geschlecht in der schriftlichen Darstellung verwendet. Die Ausführungen beziehen sich auf Mann, Frau und Diverse im gleichen Maß.
[2] Vgl. Ninck (1997), S. 42
[3] Vgl. Jacob (2019), S. 13
[4] Vgl. Ahrend (2016), S. 3
[5] Vgl. Jacob (2019), S. 13
[6] Vgl. Ahrend (2016), S. 3
[7] Vgl. BPB (2021)
[8] Weiterführende Literatur: BMUV (2021)
[9] Vgl. Jacob (2019), S. 13

Gestaltung Ihres Lebens zu erhalten, definiert.[10] Die Nachhaltigkeit ist nicht nur unter umweltbezogener Hinsicht zu sehen, sondern auch unter wirtschaftlichen und sozialen Aspekten.[11] Die Herausforderungen für die Individuen und Unternehmen liegen hier in der Rohstoffverknappung, dem Klimawandel, die Bedrohung der Ökosysteme und Artenvielfalt sowie den sozialen Missständen, welche alle durch die Reflexion des eigenen Handelns hinterfragt werden müssen.[12] Aufgrund des begrenzten Umfangs der Arbeit kann nicht auf alle Ansätze zur Begründung von Nachhaltigkeit eingegangen werden.[13]

Abgeleitet vom Begriff der Nachhaltigkeit und um die Herausforderungen zu meistern, kann der unternehmerische Nachhaltigkeitsbegriff als systematisches und integratives Management von ökologischen, sozialen und ökonomischen Themen verstanden werden. Außerdem stehen deren Auswirkungen auf die natürliche Umwelt, Gesellschaft sowie das Unternehmen selbst im Fokus.[14] Ziel von Unternehmen sollte es sein, dass sie nicht nur finanziell erfolgreich sind, sondern auch substanzielle Beiträge zu einer nachhaltigen Entwicklung von Umwelt, Wirtschaft und Gesellschaft leisten.[15] Da es hier Überschneidungen in einigen Punkten mit CSR (Corporate Social Responsibility) müssen beide Begriffe voneinander abgegrenzt werden. CSR fokussiert überwiegend freiwillige ethnische und philanthropische Aktivitäten von Unternehmen, welche nicht durch die Gesetzgebung abgedeckt sind.[16] Wohingegen sich das Nachhaltigkeitsmanagement zusätzlich mit unfreiwilligen Umwelt- und Sozialaktivitäten auseinandersetzt. Beispielhaft zu nennen sind der Stakeholder-Druck oder regulatorische Anforderungen.[17] Ein weiterer Unterschied liegt darin, dass der unternehmerischen Nachhaltigkeit eine proaktive Grundhaltung zugeschrieben wird.[18] Dahingehend basieren CSR-Maßnahmen oftmals auf der Reaktion auf gesellschaftliche Anliegen, sodass CSR oftmals responsiv ist.[19] Da die Definition von CSR in Aufgabe 2 hergeleitet wird, werden hier nicht auf alle Unterschiede im Detail eingegangen.[20] Heutzutage ist die unternehmerische Nachhaltigkeit kein Randthema mehr in der Unternehmenspraxis. Trotzdem ist es in den Unternehmungen keine Selbstverständlichkeit und oftmals auch mit einer gewisse Grundskepsis vorhanden. Als

---

[10] Vgl. Brundtland/Hauff (1987)
[11] Vgl. Statistisches Bundesamt (2014)
[12] Vgl. Welzer (2008), S. 213-126
[13] Weiterführende Literatur: Mayer (2020), S. 4
[14] Vgl. Schaltegger (2013), S. 2384-2388
[15] Vgl. Lüdeke-Freund (2018), S. 32
[16] Vgl. Carroll/Shabana (2010), S. 85-90
[17] Vgl. Lüdeke-Freund (2018), S. 32
[18] Vgl. Schneidewind (1998), S. 35
[19] Vgl. Carroll/Shabana (2010), S. 85-90
[20] Weiterführende Literatur: Grunwald/Kopfmüller (2012), S. 40 u. Lüdeke-Freund (2018), S. 33

Ursache hierfür ist zu nennen, dass die agierenden Personen in einem Unternehmen bei der Frage wie Umwelt- und Sozialmaßnahmen auf die Unternehmen und deren Erfolg wirken, verschiedene Positionen vertreten. Hier reicht die Spannweite der Sichtweisen, von Meinungen, welche ökologische und soziale Aspekte nur als Risiko und Kostentreiber sehen bis hin zu Managern, welche dahinter eine Chance sehen.[21]

Die Chancen, welche die Unternehmen motivieren sich mit der unternehmerischen Nachhaltigkeit auseinanderzusetzen, sind vielfältig. Für die Motivation hierfür gibt es vielfache Gründe. Der Hauptgrund ist oftmals die Verbesserung des Images und der Reputation. Außerdem können durch das intensive Auseinandersetzen mit dem Thema der Nachhaltigkeit auch neue innovative Geschäftsmodelle, Produkte oder Dienstleistungen entwickelt und geschaffen werden. Als weiterer Grund für die Motivation der Unternehmen dienen auch Kosteneinsparungen und Effizienzsteigerungen durch z. B. einen geringeren Verbrauch von Rohstoffen.[22] Nachhaltigkeit schlägt sich auch in der Beschaffung von Kapital nieder, so ist hier für die Unternehmen ein einfacherer Zugang zum Kapitalmarkt möglich. Ein weiterer Punkt für die Motivation der Unternehmen ist, dass in einer sich radikal veränderten Welt die Beschaffung und Bindung von Mitarbeiter erleichtert wird, da potenzielle Arbeitnehmer mittlerweile vermehrt einen Fokus auf die Nachhaltigkeit legen.[23]

Um das Thema der Nachhaltigkeit greifbar zu machen, dient das „Drei-Säulen-Modell", welches auch als Triple-Bottom-Line-Ansatz bezeichnet wird.[24] Der Startpunkt für das „Drei-Säulen-Modell" war die UN-Konferenz aus dem Jahr 1992 in Rio de Janeiro. Hier wurde mit der Agenda 21 die Grundlage gelegt, dass globaler Umweltschutz nur möglich ist, wenn von der Politik zeitgleich ökonomische und soziale Aspekte beachtet werden. Die Idee von drei gleichrangigen und gleichzeitigen Zielen als „Drei-Säulen-Modell" entstand ca. 1994 im Anschluss an den Brundtland-Bericht. Das Modell, welches aus den drei Bestandteilen Ökonomie, Ökologie und Soziales besteht, wird der Enquete-Kommission des Deutschen Bundestages „Schutz des Menschen und der Umwelt" zugeschrieben und wurde schlussendlich im Vertrag von Amsterdam aus dem Jahr 1997 fixiert. Durch das „Drei-Säulen-Modell" wurde eine Aufwertung des Umweltschutzes erreicht, da alle drei Dimensionen gleichrangig in der Grundfassung waren. Für die Wirtschaft wurde die Vorstellung akzeptabel, da passende „Win-Win-Win" Situationen in den drei Bereichen gleichermaßen erreicht werden können. Es hat aufgrund dessen die

---

[21] Vgl. Wunder (2017), S.5
[22] Vgl. Mayer (2020), S. 23
[23] Vgl. Mayer (2020), S. 24
[24] Vgl. Mayer (2020), S. 30-31

Diskussion um das Thema Nachhaltigkeit belebt und weitere Ansätze initiiert.[25] Bisher war die Ökonomie oftmals den Zielen der ökologischen und sozialen Aspekte übergeordnet.[26]

Unter den drei Dimensionen wird im Detail folgendes verstanden:

- *Ökonomische Nachhaltigkeit:* Diese stellt die Gesamtheit des wirtschaftlichen Produktionskapitals dar. Die ökonomische Nachhaltigkeit besteht zum einen aus dem materiellen Sachkapital und zum anderen aus immateriellen Human- und Wissenskapital. Durch das ökonomische Kapital wird die Sicherstellung der langfristigen Überlebensfähigkeit eines Unternehmens bzw. Systems bewerkstelligt.[27]
- *Ökologische Nachhaltigkeit:* Diese legt den Fokus auf die natürliche Umwelt und die Verfügbarkeit sowie den Umgang und auch die Verwendung Ressourcen. Es geht gleichermaßen um erneuerbare und nicht erneuerbare Ressourcen. Entscheidend sind hierbei zum einen die Belastbarkeit und zum anderen die Reproduktionsfähigkeit unserer Ökosysteme.[28]
- *Soziale Nachhaltigkeit:* Der Schwerpunkt liegt hierbei auf den innergesellschaftlichen Beziehungen zwischen Menschen. Durch den Einsatz von Sozialkapital soll in erster Linie eine generationsübergreifende Weiterentwicklung der gesellschaftlichen Integration gewährleistet werden. Als Grundlage hierfür dienen die Sicherung von Grundbedürfnissen, die Schaffung sowie die Aufrechterhaltung einer Verteilungsgerechtigkeit, die Achtung der Menschenwürde als auch die Möglichkeit zur Entfaltung einer freien Persönlichkeit. Weitere entscheidende Faktoren sind ein moralisches und ethnisches Bewusstsein für eine gegenseitige Unterstützung und eine gemeinwohlorientierte Solidarität in der Gesellschaft. Nur so kann der Aufbau des sozialen Kapitals ermöglicht werden.[29]

---

[25] Vgl. Haase (2020), S: 43-45
[26] Vgl. Mayer (2020), S. 31
[27] Vgl. Jacob (2019), S. 15
[28] Vgl. Jacob (2019), S. 14
[29] Vgl. Jacob (2019), S. 15

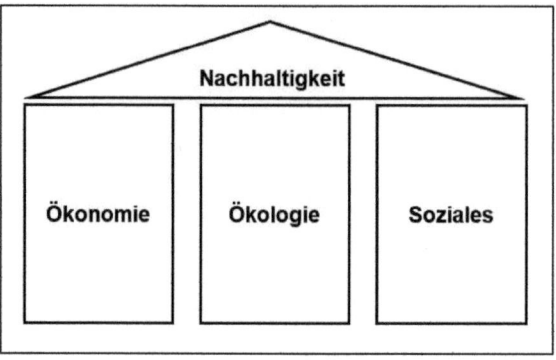

Abbildung 1: Einfache Drei-Säulen-Modell

Eigene Darstellung, in Anlehnung Jacob (2019), S. 17

Nach dem die Bestandteile des „Drei-Säulen-Diagramms" erläutert wurden, ist es im nächsten Schritt wichtig, die Beziehung der einzelnen Dimensionen zueinander zu verstehen. Eine Möglichkeit, um die Beziehung der Säulen darzustellen zeigt das „einfache Drei-Säulen-Modell" (siehe Abbildung 1). Bei diesem sind alle drei Säulen gleichgewichtet auf dem die nachhaltige Entwicklung aufbaut. Kritisch ist hier zu sehen, dass die ökologische Dimension stärker gewichtet sein sollte. Begründet wird dies, dass wirtschaftliche und soziale Kompetenzen nur in einem intakten Ökosystem aufgebaut werden können.[30]

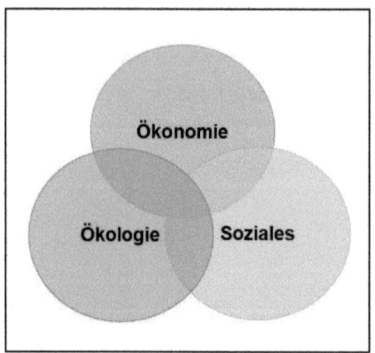

Abbildung 2: Schnittstellenmodell (integratives Nachhaltigkeitsmodell)

Eigene Darstellung, in Anlehnung Jacob (2019), S. 18

---

[30] Vgl. Jacob (2019), S. 17

Ein weiterer Ansatz bietet das Schnittstellenmodell mit seinem integrativen Charakter, welches auch oft als integratives Nachhaltigkeitsmodell bezeichnet wird (siehe Abbildung 2). Bei dieser Vorgehensweise werden die drei Dimensionen nicht als Säulen, sondern als Kreise dargestellt. Diese haben gemeinsame Schnittmenge welche eine simultane Erfüllung der ökologischen, sozialen und ökonomischen Ziele ermöglicht. Bei diesem Ansatz wird der integrative Gedanke hervorgehoben.[31] Weitere Modifikationen und Ansätze sind das gewichtete „Drei-Säulen-Modell", das „Pyramidenmodell" („Ein-Säulen-Modell") sowie die „Zauberscheiben der Nachhaltigkeit". Auf diese wird aber aufgrund des begrenzten Umfangs der Einsendeaufgabe nicht eingegangen.[32]

Für die Umsetzung des „Drei-Säulen-Modells" in Unternehmen ist es wichtig zu wissen, dass jeweils getrennte Ziele gesteckt werden können. Außerdem sollten die Beziehungen der Ziele untereinander thematisiert werden und damit auch mögliche Zielkonflikte identifiziert werden. Der optimale Entwicklungspfad wurde erreicht, wenn in allen drei Dimensionen ein Fortschritt erreicht wurde. Unternhemen, welche diesen Zustand erreichen, denken langfristig und vorrausschauend und sind offen für zukunftsweisende Technologien.[33]

Der UN-Nachhaltigkeitsgipfel aus dem Jahr 2015 stellt ein bedeutendes Ereignis in der Nachhaltigkeitsdebatte dar, da die Agenda 2030 mit den 17 Nachhaltigkeitszielen verabschiedet wurde. Die Ziele werden auch als SGDs (Sustainable Development Goals) bezeichnet. Die SGDs liefern einen globalen Fahrplan für einen nachhaltigere Gesellschaft, Wirtschaft sowie Umwelt. Um die Ziele zu überprüfen, hat eine von den vereinigten Nationen beauftrage Expertengruppe ein statistisches ausgerichtetes globales Indikatorensystem entwickelt.[34]

---

[31] Vgl. Jacob (2019), S. 18-19
[32] Weiterführende Literatur: Jacob (2019), S. 19-20 u. Dieckmann von Bünau (2013), S. 8-10
[33] Vgl. Mayer (2020), S. 31
[34] Vgl. Jacob (2019), S. 14

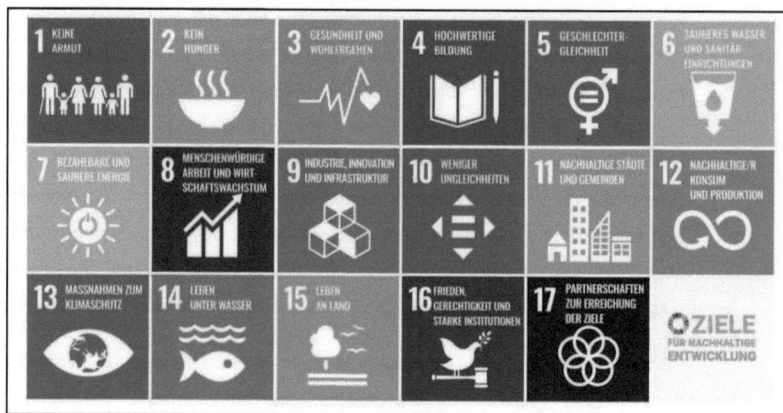

Abbildung 3: Sustainable Development Goals

Eigene Darstellung, in Anlehnung UNRIC (2022)

Die 17 Nachhaltigkeitsziele umfassen folgende Themen:

1. *Keine Armut:* Es sind immer noch viele Menschen von Armut betroffen. Ende 2015 lebte jeder zehnte Haushalt von einem Einkommen von weniger als 1,90 USD am Tag und pro Kopf. Um das Ziel zu erreichen, sollen nachhaltige Arbeitsplätze geschaffen werden, die Gleichstellung gefördert und staatliche Sozialsysteme eingeführt werden.[35]

2. *Kein Hunger:* Im Jahr 2017 waren 821 Millionen Menschen unterernährt. Um dem entgegenzuwirken, ist ein Wandel des globalen Ernährung- und Landwirtschaftssystem erforderlich. Dies soll durch Investitionen in Landwirtschaft und durch die Entwicklung nachhaltiger Nahrungsmittelproduktionssystem erreicht werden.[36]

3. *Gesundheit und Wohlergehen:* Um ein gesundes Leben in allen Altersklassen zu erreichen ist es wichtig, dass es eine effizientere Finanzierung der Gesundheitssysteme gibt, verbesserte sanitäre Einrichtungen und Hygiene. Weitere Fortschritte können durch eine geringe Luftverschmutzung und einen besseren Zugang zu Ärzten erreicht werden.[37]

---

[35] Vgl. UN (2015), S. 16
[36] Vgl. UN (2015), S. 16-17
[37] Vgl. UN (2015), S. 17-18

12

4. *Hochwertige Bildung:* Durch das Ziel soll eine inklusive, gleichberechtigte und hochwertige Bildung gewährleistet werden. Außerdem sollen Möglichkeiten für das lebenslange Lernen für alle gefördert werden.[38]

5. *Geschlechter Gleichheit:* Es soll eine Geschlechtergleichstellung erreicht werden, welche alle Frauen und Mädchen zur Selbstbestimmung befähigt.[39]

6. *Sauberes Wasser und Sanitäreinrichtungen:* Es soll die Verfügbarkeit und nachhaltige Bewirtschaftung von Wasser und der Sanitärversorgung gewährleistet werden, da z. B. 785 Millionen Menschen noch immer keine grundlegende Trinkwasserversorgung haben.[40]

7. *Bezahlbare und saubere Energie:* es soll der Zugang zu verlässlicher, bezahlbarer nachhaltiger und moderner Energie für die Weltbevölkerung geschaffen werden.[41]

8. *Menschenwürdige Arbeit und Wirtschaftswachstum:* Durch dieses Nachhaltigkeitsziel soll ein dauerhaftes, breitenwirksames und nachhaltiges Wirtschaftswachstum erreicht werden. Des Weiteren soll eine produktive Vollbeschäftigung und menschenwürdige Arbeit für alle Menschen auf der Welt gefördert werden.[42]

9. *Industrie, Innovationen und Infrastruktur:* Die Industrie soll gefördert breitenwirksam und nachhaltig sein und Innovationen sollen unterstützt werden. Die Infrastruktur soll widerstandsfähig sein.[43]

10. *Weniger Ungleichheiten:* Es soll die Ungleichheit in den Ländern zwischen der Bevölkerung minimiert werden und außerdem die Ungleichheit zwischen Ländern verringert werden.[44]

11. *Nachhaltige Städte und Gemeinden:* Für die Erreichung des Ziels sollen Städte und Siedlungen inklusiv, sicher widerstandfähig sowie nachhaltig gestaltet werden.[45]

12. *Nachhaltige/r Konsum und Produktion:* Durch die Förderung der Ressourcen und energieeffizienter nachhaltiger Infrastruktur, sowie menschenwürdiger Arbeitsplätze sollen nachhaltige Konsum- und Produktionsmuster sichergestellt werden.[46]

13. *Maßnahmen zum Klimaschutz:* Der Klimawandel betrifft jedes Land, deshalb sollen umgehend Maßnahmen zur Bekämpfung des Klimawandels und seiner Auswirkungen ergriffen werden.[47]

---

[38] Vgl. UN (2015), S. 18-19
[39] Vgl. UN (2015), S. 19
[40] Vgl. UN (2015), S. 19-20
[41] Vgl. UN (2015), S. 20
[42] Vgl. UN (2015), S. 20-21
[43] Vgl. UN (2015), S. 21-22
[44] Vgl. UN (2015), S. 22-23
[45] Vgl. UN (2015), S. 23-24
[46] Vgl. UN (2015), S. 24
[47] Vgl. UN (2015), S. 24-25

14. *Leben unter Wasser:* Ozeane Meere und Meeresressourcen sollen erhalten bleiben und dauerhaft nachhaltig genutzt werden.[48]

15. *Leben an Land:* Landökosysteme sollen geschützt und wieder hergestellt werden, sowie nachhaltig gefördert werden. Wälder sollen nachhaltig bewirtschaftet werden. Die Wüstenbildung soll bekämpft werden sowie der Verlust der biologischen Vielfalt verhindert werden.[49]

16. *Frieden, Gerechtigkeit und starke Institutionen:* Es sollen friedliche und inklusive Gesellschaften gefördert werden. Weiterhin soll allen Menschen ein Zugang zur Justiz ermöglicht werden und leistungsfähige Institutionen aufgebaut werden.[50]

17. *Partnerschaften zur Erreichung der Ziele:* Die Mittel zur Umsetzung sollen gestärkt werden und die globale Partnerschaft für eine nachhaltige Entwicklung vornagetrieben werden.[51]

Alle 17 SDGs haben nicht die gleiche Relevanz für Unternehmen. Laut einer Umfrage der IHK aus dem Jahr 2017 unter 378 Unternehmen, können die einzelnen Unternehmen vor allem bei den Themen der menschenwürdigen Arbeit (70% Zustimmung) und der Geschlechtergleichheit (60% Zustimmung) einen Beitrag leisten. Jeweils 57% der Unternehmen stimmten zu, dass Sie einen Beitrag für die Maßnahmen zum Klimaschutz sowie zum SGD 9 (Industrie, Innovation und Infrastruktur) leisten können.[52] Die 17 SDGs bauen auf existierender Nachhaltigkeitsdefinition auf, wie z. B. dem „Drei-Säulen-Modell". Die einzelnen Ziele sind nicht priorisiert, sondern gleichwertig. Die Themenfelder sollen sich gegenseitig ergänzen. Allen 17 Zielen wurden insgesamt 169 Unterziele zugeordnet, welche durch 231 Indikatoren gemessen werden. Hinter allen 17 SDGs sind rechtlich nicht bindend. Dadurch entsteht die Gefahr, dass die 17 SDGs nur reine Absichtserklärungen sind und nicht in die Umsetzung kommen.[53] Kritisch anzumerken ist, welche Maßnahmen hinter dem Erreichen der einzelnen Ziele steckt ist unklar. Ein weiter Punkt, der im Zuge mit den 17 Nachhaltigkeitszielen diskutiert wird, ist der kurze Zeithorizont bis zum Jahr 2030 für das Erreichen der ambitionierten Ziele.[54] Da keine Priorisierung der SDGs erfolgt, kann es auf der einen Seite zu Synergieeffekten kommen aber auch auf der anderen Seite zu Zielkonflikten. Ein Beispiel hierfür wäre, dass durch einen intensiveren Fischfang der Hunger reduziert wird (SDG2), aber gelichzeitig ergeben sich negative Effekte auf das Leben unter Wasser (SDG 14).[55]

---

[48] Vgl. UN (2015), S. 25-26
[49] Vgl. UN (2015), S. 26-27
[50] Vgl. UN (2015), S. 27-28
[51] Vgl. UN (2015), S. 28-29
[52] Vgl. IHK (2017), S. 2
[53] Vgl. Koch/Krellenberg (2021), S. 9-12
[54] Vgl. Jacob (2019), S. 18-19
[55] Vgl. Koch/Krellenberg (2021), S. 12-14

Die Agenda 2030 sowie die 17 SGDs sind seit mehr als 7 Jahren verabschiedet, deswegen lohnt sich hier ein aktueller Stand auf die aktuelle Umsetzung. Global gesehen sind ist die Agenda 2030 hinter den Erwartungen. Dies bescheinigen sowohl die Berichte des Generalsekretärs der Vereinten Nationen aus dem Jahr 2020 als auch der globale Entwicklungsbericht (Global Sustainable Development Report). Die nationale Entwicklung in den Ländern unterscheidet sich deutlich zwischen den einzelnen Nationen. Zusammenfassend stellen die Autoren Koch/Krellenberg fest, dass sich viele Erwartungen, welche durch die Agenda 2030 geweckt wurden, sowohl auf nationaler als auch internationaler Ebene nicht erfüllt haben.[56]

---

[56] Vgl. Koch/Krellenberg (2021), S. 15-17

Aufgabe 2

Der Begriff CSR geht zurück auf das Jahr 1953, bei der in einer Schrift von Bowen „Social Responsibilities of the Businessmann" die Frage nach der gesellschaftlichen Verantwortung von Geschäftsmännern aufgeworfen wurde.[57] Die Debatte um CSR hat auch in den letzten Jahren einen deutlichen Bedeutungszuwachs erfahren. Dies liegt zum einen an verschiedenen Skandalen in Unternehmen wie bei Enron und Wirecard aber auch der zunehmenden Globalisierung und Internationalisierung sowie dem Wertewandel in der Gesellschaft.[58] Trotz des gestiegenen Interesses an CSR, hat sich in der Vergangenheit keine einheitliche Definition in den Unternehmen durchgesetzt. Es zeigt sich auch dass sowohl zwischen Unternehmen als auch Wissenschaftler andere Definitionen von CSR umgesetzt werden. Diese Unterschiede existieren nicht nur zwischen Wissenschaft und Unternehmungen, sondern auch zwischen amerikanischen und europäischen Wissenschaftlern bzw. Unternehmen.[59]

In der aktuellen CSR-Diskussion wird auch oft auf die Definition von Votaw verwiesen, welcher den Begriff folgendermaßen herleitet: „The term is a brilliant one, it means something, but not alway the same thing, to everybody."[60] Eine weitverbreitete Definition ist die CSR-Definition der Europäischen Kommission aus den Jahren 2001 und 2002. Hier wird CSR als ein Konzept definiert, welche den Unternehmen als Basis dient, auf freiwilliger Grundlage soziale Belange und Umweltbelange in die Wechselbeziehungen mit den Stakeholdern zu integrieren.[61] Dieser Ansatz wurde 2002 um eine Mitteilung ergänzt. CSR ist nicht etwas das, was dem Kerngeschäft von Unternehmen aufgepfropft werden soll, sondern vielmehr die Art des Unternehmensmanagements.[62] Diese Definition ist eine gute Ausgangslage für weitere Interpretationen.[63] In einer weiteren Definition der europäischen Kommission aus dem Jahr 2011 wird CSR auf Basis der Definition von 2001 und 2002 weiterentwickelt, welche auch die Basis für die Fassung aus dem Jahr 2011 bilden. Fokus der Weiterentwicklung war, dass ein Fokus auf einem strategischen CSR liegt, welcher auf die Gewinnung eines gesellschaftlichen Mehrwertes eines Unternehmens und der Gesellschaft ausgerichtet ist.[64] Unterschiede zur 2001 bzw. 2002 Fassung sind, dass kaum mehr die Rede von „Freiwilligkeit" ist. Dies

---

[57] Vgl. Bowen (1953)
[58] Vgl. Eulerich/Welge (2021), S. 26
[59] Vgl. Schneider/Schmidpeter (2017), S. 22
[60] Votaw (1973), S. 11
[61] Vgl. Europäische Kommission (2001), S. 7
[62] Vgl. Europäische Kommission (2002), S. 6
[63] Vgl. Schneider/Schmidpeter (2017), S. 24
[64] Vgl. Europäische Kommission (2011a), S. 6

war 2001 deutlich öfter der Fall. Es fehlt auch die Tripple-Bottom-Line, welche durch die Bereiche Menschenrechte und Ethik ergänzt wurde.[65]

Eine weitere Definition findet sich in der DIN ISO 26000 von 2010. Hier wird nicht von CSR gesprochen, sondern von der Social Responsibilty. CSR wird hierbei als die Verantwortung der Organisation für die Auswirkungen ihrer Entscheidungen und Tätigkeiten auf die Gesellschaft und Umwelt durch transparentes und ethisches Verhalten gesehen. Es sind hier nachhaltige Entwicklungen gemeint, genauso wie die Berücksichtigung der verschiedenen Anspruchsgruppen. Außerdem soll einschlägiges Recht und internationale Verhaltensstandards eingehalten werden und in der gesamten Organisation integriert werden. Im Detail besteht die DIN ISO 26000 aus sieben Prinzipien (Rechenschaftspflicht, Transparenz, ethisches Verhalten, Achtung der Interessen der Anspruchsgruppen, Achtung der Rechtsstaatlichkeit, Achtung internationaler Verhaltensstandards und Achtung der Menschenrechte sowie sieben Kernpunkten für eine gesellschaftliche Verantwortung wie z. B. Menschenrechte und Arbeitspraktiken.[66] Porter/Kramer definierten CSR als gesellschaftliche Verantwortung von Unternehmen als Bestandteil des nachhaltigen Wachsens. CSR sollte strategisch eingesetzt werden, sodass wirtschaftliche und gesellschaftliche Vorteile zum Tragen kommen. Kritisch ist anzumerken, dass viele Unternehmen CSR-Maßnahmen verfolgen, diese aber unkoordiniert und isoliert von Geschäft und Strategie umgesetzt werden.[67] Auf weitere Definitionen kann im begrenzten Rahmen der Einsendeaufgabe nicht eingegangen werden.[68] Alle Definitionen haben gemein, dass CSR als Managementdisziplin verstanden wird. Diese fängt dort an, wo gesetzliche Richtlinien aufhören. CSR ist ein kontinuierlicher Prozess, welcher sich weiterentwickelt.[69] Auf die Unterschiede zur unternehmerischen Nachhaltigkeit wurde in der ersten Aufgabe eingegangen.

---

[65] Vgl. Schneider/Schmidpeter (2017), S. 26
[66] Vgl. DIN ISO 26000 (2010), S. 8-33
[67] Vgl. Porter/Kramer (2006), S. 78-92
[68] Weiterführende Literatur: Spießhofer (2017), S. 28-31
[69] Vgl. Schneider/Schmidpeter (2017), S. 23

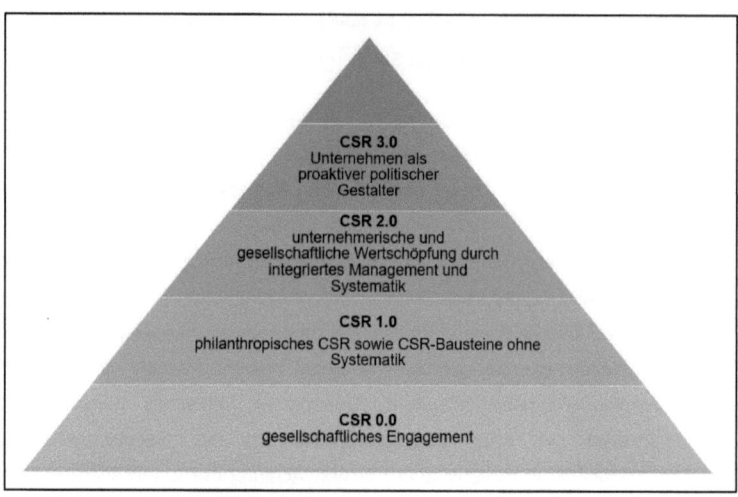

Abbildung 4: CSR-Reifegradmodell

Eigene Darstellung, in Anlehnung Schneider/Schmidpeter (2017), S. 33

Die Ziele von CSR unterschieden sich je nach Unternehmen. Um diese besser einordnen zu können, dient das Reifegradmodell. Hier wird CSR in vier Reifegrade aufgeteilt (siehe Abbildung 4). CSR 0.0 beinhaltet gesellschaftliches Engagement und ist streng genommen kein richtiges CSR, da es sich um gesellschaftliches Engagement handelt, welches z. B. per Zufall eine gesellschaftliche Wirkung entfaltet. CSR 1.0 ist ein philanthropisches CSR. Es betrifft nicht das Kerngeschäft und meint unternehmensfremde Aktivitäten wie Spenden. CSR 2.0 spielt sich im Kerngeschäft ab. Der Fokus ist die unternehmerische und gesellschaftliche Wertschöpfung durch integriertes Management und Systematik. CSR 3.0 sieht Unternehmen als proaktiven politischen Gestalter an. Je höher die jeweilige Stufe des Unternehmens, desto größer ist das Potenzial die Ziele zur Ausbildung von gesellschaftlichem Nutzen und Mehrwert für die Umwelt, Gesellschaft und das eigene Unternehmen zu nutzen.[70]

---

[70] Vgl. Schneider/Schmidpeter (2017), S. 32

Aufgabe 3

Die CSR Berichterstattung gewinnt in den letzten Jahren zunehmend an Bedeutung.[71] Durch etablierten Standards können Unternehmen durch die Stakeholder nach klar definierten Kriterien und Kennzahlen in den Bereichen der Ökonomie, Ökologie und Gesellschaft informiert werden. Durch die CSR Berichterstattung sind Fort- und Rückschritte leichter ersichtlich und bieten eine Vergleichbarkeit der Unternehmen. Ein weiterer positiver Effekt, welcher sich durch die CRS Berichterstattung ergibt, ist das intensive Auseinandersetzen mit den Kennzahlen innerhalb der Organisation.[72] Die gesetzliche Grundlage für die nichtfinanzielle Berichterstattung wurden in Deutschland durch das Bilanzrechtsreformgesetz im Jahr 2004 geschaffen.[73] Aber getrieben durch den gesellschaftlichen Wertewandel und den Vertrauensverlust der Gesellschaft wurden hier die gesetzlichen Grundlagen für die Berichterstattung von ökologischen und gesellschaftlichen Aspekten ausgeweitet.[74] Einige Unternehmen waren zwar schon dazu übergangen freiwillige Berichte zur unternehmerischen Sozialverantwortung anzufertigen.[75] Die Europäische Kommission schuf aber in Ihrer Richtlinie 2014/95/EU sowie die Bilanzrichtlinie 2013/34/EU einen gesetzlich verpflichtenden Rahmen. Das Ziel des Regelwerkes ist die Transparenz der Sozial- und Umweltbelange in den Mitgliedsstaaten der Europäischen Union durch eine Verbesserung der Relevanz, Konsistenz und Vergleichbarkeit der Berichterstattung zu erhöhen.[76] Das längerfristige Ziel durch das Regelwerk ist durch die Offenlegung von nichtfinanziellen Informationen, eine Steigerung er Aktivitäten zur Verantwortungsübernahme von Unternehmen zu bewirken. Aufgrund dessen wird für diese Richtline auch als Corporate Social Responsibility Richtline bezeichnet.[77] Die Umsetzung der Richtlinie in nationales deutsches Recht erfolgte durch das Gesetz zur Stärkung der nichtfinanziellen Berichterstattung der Unternehmen in den jeweiligen Konzern- und Lageberichten ab 2017. Ca. 500 Unternehmen waren in Deutschland von der nichtfinanziellen Erklärung im Lagebericht § 289b - 289e HGB sowie im Konzernlagebericht § 315b - 315c HGB betroffen. Zusätzlich waren ca. 300 börsennotierte AGs, KGaAs bzw. SEs verpflichtet ihre Diversitätspolitik offen zu legen.[78]

Generell betroffen von den Regelungen sind Unternehmen von öffentlichem Interesse mit mehr als 500 Arbeitnehmern im Jahresdurchschnitt (§ 316 a Abs. 1 Satz 2 HGB

---

[71] Vgl. Hiller (2018), S. 96
[72] Vgl. Bundesministerium für Arbeit und Soziales (2022)
[73] Vgl. § 289 Abs. 3 bzw. 315 Abs. 3 HGB
[74] Vgl. Velte (2017), S. 2814
[75] Vgl. Hiller (2018), S. 96
[76] Vgl. Richtlinie 2014/95/EU; Richtlinie 2013/34/EU
[77] Vgl. Europäische Kommission (2011b), S. 7.
[78] Vgl. Schröder (2020), S. 5

sowie kapitalmarktorientierte Unternehmen im Sinne von § 264d HGB).[79] Inhaltlich wird die Gesetzgebung in § 289c HGB geregelt mit folgenden Details:[80]

- Geschäftsmodellbeschreibung der Kapitalgesellschaft.[81]
- Bericht zu Umweltbelangen, z. B. der Luftverschmutzung.[82]
- Bericht zu Arbeitnehmerbelangen, z. B. die Maßnahmen für eine Geschlechtergleichstellung.[83]
- Bericht zu den Sozialbelangen, z. B. Dialog auf kommunaler Ebene.[84]
- Bericht zur Achtung der Menschenrechte, z. B. Vermeidung der Verletzung von Menschenrechten.[85]
- Bericht zur Bekämpfung von Korruption und Bestechung.[86]

Zusätzlich sind nach dem § 289c Abs. 3 HGB die Angaben notwendig, welche für das Verständnis des Geschäftsverlaufs, Geschäftsergebnisses, die Lage der Kapitalgesellschaft sowie die Auswirkung Ihrer Tätigkeit auf die oben genannten Aspekte notwendig sind, einschließlich folgender Themen:[87]

- Beschreibung von der Kapitalgesellschaft verfolgten Konzepte sowie von der Kapitalgesellschaft anwendeten Due-Dilligence-Prozesse und deren Ergebnisse.[88]
- Die wesentlichen Risiken, welche mit der eigenen Tätigkeit der Gesellschaft verknüpft sind und die sehr wahrscheinlich schwerwiegende Auswirkungen auf die genannten Aspekte haben, sowie die Handhabung dieser Risiken.[89]
- Die wesentlichen Risiken, mit denen die Geschäftsbeziehungen der Unternehmung, ihrer Produkte und Dienstleistungen verknüpft sind und die sehr wahrscheinlich sehr schwerwiegende negative Auswirkungen auf die genannten Aspekte haben.[90]
- Die bedeutsamsten nicht finanziellen Leistungsindikatoren, die für die Geschäftstätigkeit der Kapitalgesellschaft von Bedeutung sind.[91]

---

[79] Vgl. Müller/Reinke (2022), S. 10
[80] Vgl. Hiller (2018), S. 98
[81] Vgl. § 289c Abs. 1 HGB
[82] Vgl. § 289c Abs. 2 Nr. 1 HGB
[83] Vgl. § 289c Abs. 1 Nr. 2 HGB
[84] Vgl. § 289c Abs. 2 Nr. 3 HGB
[85] Vgl. § 289c Abs. 2 Nr. 4 HGB
[86] Vgl. § 289c Abs. 2 Nr. 5 HGB
[87] Vgl. § 289c Abs. 3 HGB
[88] Vgl. § 289c Abs. 3 Nr. 1 HGB u. § 289c Abs. 3 Nr. 2 HGB
[89] Vgl. § 289c Abs. 3 Nr. 3 HGB
[90] Vgl. § 289c Abs. 3 Nr. 4 HGB
[91] Vgl. § 289c Abs. 3 Nr. 5 HGB

- Sofern es fürs Verständnis wichtig ist, Hinweise auf die im Jahresabschluss ausgewiesenen Beiträge und zusätzlichen Erläuterungen hierzu.[92]

Mitte 2020 wurde die Taxonomieverordnung (2020/852) veröffentlicht, welche Folgen auf die Nachhaltigkeitsberichterstattung hat. Durch diese Richtlinie müssen ab dem 01.01.2022 Angaben auf Bezug des Klimaschutzes und die Anpassungen an den Klimawandel gemacht werden.[93] Ein weiteres Gesetz im Rahmen der Nachhaltigkeitsberichtserstellung ist das Lieferkettengesetz aus dem Jahr 2021. Hierbei müssen Unternehmen auf die Achtung international anerkannter Menschenrechte entlang Ihrer Lieferkette achten. Weiterhin müssen hier die Unternehmen auch auf umweltbezogenen Themen achten, wie z B. die Umweltgefahren welche durch Quecksilber entstehen können.[94] Die bisherigen Regelungen zur nichtfinanziellen Berichterstattungspflicht sind reformbedürftig. Ein Kritikpunkt ist der doppelte Wesentlichkeitsvorbehalt. Darunter wird verstanden, dass die Berichterstattungspflicht erst in Kraft tritt, wenn beide aufgeführten Kriterien nach der „sowie" Verknüpfung in § 289 c Abs. 3 HGB erfüllt sind:[95]

- Die betroffenen Angaben sind für das Verständnis des Geschäftsergebnisses, des Geschäftsverlaufs und der Lage der Kapitalgesellschaft erforderlich (outside-in-Perspektive).[96]
- Die betroffenen Angaben sind nur zu machen, wenn diese für das Verständnis der Auswirkung der Geschäftstätigkeit auf die in § 289c Abs. 2 HGB genannten nichtfinanziellen Aspekte Umwelt-, Arbeitnehmer- und Sozialbelange sowie die Achtung der Menschenrechte und Bekämpfung von Korruption erforderlich sind (Inside-out-Perspektive).[97]

Ein weiterer Kritikpunkt ist, dass die bisherigen Richtlinien zu ungenau definiert sind. Dies führt dazu, dass die Nachhaltigkeitsberichte der Unternehmen untereinander nicht vergleichbar sind. Deswegen sollten die aktuellen Standards auch im Anbetracht der Bekämpfung gegen den Klimawandel weiterentwickelt werden.[98]

Im Juni 2021 legte die Europäische Kommission einen überarbeiten Vorschlag zur CSRD (Corporate Social Responsibility Directive) vor, welcher ursprünglich bis Ende

---

[92] Vgl. § 289c Abs. 3 Nr. 6 HGB
[93] Vgl. Müller/Reinke (2022), S. 12 u. Verordnung (EU) 2020/852
[94] Vgl. Müller/Reinke (2022), S. 12 u. LkSG, S. 2959-2970
[95] Vgl. Müller/Reinke (2022), S. 11
[96] Vgl. § 289c Abs. 3 HGB
[97] Vgl. § 289c Abs. 2 HGB
[98] Vgl. Müller/Reinke (2022), S. 11

2021 durch den Europarat und das EU-Parlament verabschiedet werden sollte.[99] Dies ist aber Stand Februar 2022 noch nicht passiert.[100] Der Inhaltliche Schwerpunkt lag auf einer Änderung der Bilanzrichtlinie 2013/34/EU, welche bis zum 01.12.2022 in nationales Recht umzusetzen wäre und ab dem Jahr 2023 Gültigkeit besitzt. Reglungen für kleine und mittelgroße Unternehmen sollen ein Jahr später folgen.[101] Durch die neue CSRD wird es weitreichende inhaltliche Veränderungen gaben. So wird es eine Ausweitung der zur Nachhaltigkeitsberichterstattung verpflichtenden Unternehmen geben. Das bisherige Kriterium ab 500 Beschäftigten und der Kapitalmarktorientierung entfallen (§ 264d HGB). Dadurch müssen alle großen Kapital- (§ 267 Abs. 3 HGB) - und gleichgestellten Personengesellschaften (nach § 264a HGB) eine Nachhaltigkeitsberichterstattung im Lagebericht durchführen. Ein weiterer Schwerpunkt ist die Standardisierung der Nachhaltigkeitsberichterstattung mit Informationen. Eine Themenschwerpunkt ist die Auslegung des doppelten Wesentlichkeitsgrundsatzes. In der neuen Richtline sollen Unternehmen jeden Wesentlichkeitsaspekt betrachten, welcher von mindestens einer der beiden Perspektiven betroffen ist. Kritisch anzumerken ist, dass es zu einer wesentlich höheren Berichtsumfang führt. Weiterhin soll der Trend zur Digitalisierung in der neuen CSRD berücksichtigt werden, so dass z. B. nichtfinanzielle Berichtsinformationen elektronisch veröffentlicht werden.[102] Müller/Reinke sehen die hohe Geschwindigkeit, welche die EU für die Umsetzung der neuen Regulierungen vorsieht, als kritisch an, da die neuen Regulatorien mit einem erheblichen Mehraufwand an Bürokratie verbunden seien. Die Schwierigkeit liegt in der Abbildung zur Messung der Nachhaltigkeit. Die Autoren schlagen deswegen vor, den Standartsetzungsprozess von der EU eng zu begleiten, um gegebenenfalls über die Interessensverbände rechtzeitig eingreifen zu können.[103] Für die Erarbeitung der neuen EU Standards zur Nachhaltigkeit greift die Europäische Kommission auf die Beratung durch die EFRAG (European Financial Reporting Advisory Group) zurück. Im Gegenzug hat die IFRS-Fundation im November 2021 ein ISSB (International Sustainability Standards Board) gegründet mit dem Ziel zukünftig globale Basisstandards festzulegen. Der ISSB könnte dann als globaler Basisstandardsetzer für regionale Standardsetzer wie den EFRAG dienen.[104]

Es gibt aber auch schon etablierte Standards, an denen sich Unternehmen für eine systematische und fundierte Berichterstattung halten. Der globale wichtigste Rahmen ist

---

[99] Vgl. Müller/Reinke (2022), S. 11
[100] Vgl. Neubauer/Pitts-Turm (2022)
[101] Vgl. Müller/Reinke (2022), S. 11
[102] Vgl. Müller/Reinke (2022), S. 11
[103] Vgl. Müller/Reinke (2022), S. 15
[104] Vgl. Müller/Reinke (2022), S. 13-14

die GRI (Global Reporting Initiative) von der gemeinnützigen Multi-Stakeholder-Initiative, welcher auch bei den Unternehmen in Deutschland sehr verbreitet ist. Die GRI bietet international anerkannte Leitfäden und Indikatoren, auf welche die Unternehmen zurückgreifen können. Die Organisationen sollen sich hierbei auf die für sie wesentlichen Informationen fokussieren und diese mit Daten, Fakten und Informationen zu erläutern. Falls ein Unternehmen hier über wesentliche CSR Aspekte nicht informiert, muss das gut begründet werden. Dieses Prinzip wird auch als „report or explain" bezeichnet. Die letzte Änderung des Standards gab es im Jahr 2021 und Unternehmen, welche die GRI umsetzen, müssen diese bis zum Geschäftsjahr 2024 umsetzen. Ein Fokus der neuen Richtlinien waren die Auswirkungen, welches ein Unternehmen auf Umwelt, Wirtschaft, Gesellschaft und Menschenrechte hat (Inside-Out Perspektive).[105] Aufgrund des begrenzten Umfangs der Arbeit, kann nicht auf alle Details des Corporate Net-Zero Standard eingegangen werden.[106]

Unternehmen mit einer kleineren Wertschöpfungskette wählen aufgrund weniger komplexerer Kennzahlen den DNK (Deutschen Nachhaltigkeitskodex). Durch seine Einfachheit etabliert er sich immer mehr in Deutschland, da der UN Global Compact und der GRI wesentlich komplexer sind.[107] Damit Unternehmen den DKN erfüllen können, müssen diese in einer DNK-Datenbank eine Erklärung zu zwanzig DNK-Kriterien und den ergänzenden nicht finanziellen Leistungsindikatoren aus GRI und EFAS (European Federation of Financial Analysts Societies) abgeben.[108]

Der UN Global Compact ist auf Initiative der Vereinten Nationen entstanden und hat bisher ca. 19.000 beteiligte Organisationen und Unternehmen weltweit, die diesen umsetzten. Die Unternehmen werden verpflichtet die zehn sozialen und ökologischen Mindeststandards einzuhalten. Zu den Mindeststandards gehören der Schutz von Menschenrechten und Vereinigungsfreiheit (Betriebsrats und Gewerkschaftsbildung), Bekämpfung von Korruption, Stärkung des Umweltbewusstseins sowie die Förderung umweltfreundlicher Technologien. Es ist kein klassischer zertifizierter Standard, sondern ein Forum für einen grenzüberschreitenden Austausch.[109] Da der Umfang in der Einsendeaufgabe begrenzt ist, kann nicht auf alle Bestandteile des UN Global Compact

---

[105] Vgl. Bundesministerium für Arbeit und Soziales (2022)
[106] Weiterführende Literatur: GRI (2022)
[107] Vgl. Bundesministerium für Arbeit und Soziales (2022)
[108] Vgl. DNK (2022)
[109] Vgl. Bundesministerium für Arbeit und Soziales (2022)

eingegangen werden.[110]Auf den Corporate Net-Zero Standard von der Based Targets Initiative wird aufgrund des begrenzten Umfangs der Arbeit nicht eingegangen.[111]

Im nächsten Schritt wird beispielhaft für die BMW Group aufgezeigt, wie hier im aktuellen Jahresabschluss aus dem Jahr 2020 mit den nationalen rechtlichen Rahmenbedingen der CSR Berichterstattung umgegangen wird. Das Thema Nachhaltigkeit nimmt auf der Homepage durch eine eigene Rubrik[112] und im Jahresabschluss eine wichtige Rolle ein.[113] Die BMW Group hat, da sie unter die gesetzlichen Regelungen fällt, für die Gesetzeserfüllung von § 289 c und § 315 c HGB die wesentlichen Themen auf Basis einer Wesentlichkeitsanalyse und nach den Vorgaben des GRI zusammengestellt. Die GRI Standards finden sich auch im Geschäftsbericht als Auszug bzw. auf der Homepage in Form des kompletten Berichtes.[114] Insgesamt umfasst der GRI Bericht bei BMW 26 Seiten und erläutert, wie hier z. B. mit dem GRI Standard der Menschenrechte bei der BMW Group umgegangen wird und wo hierzu die nötigen Informationen im Geschäftsbericht zu finden sind. Die BMW Group zeigt hier auf, dass in den 71 von 75 rechtlichen Einheiten ein Human Rights Assessment durchgeführt wurde, bei dem die Menschenrechte bei der BMW Group geprüft wurden. Außerdem werden im jährlichen Compliancebericht auf die lokalen Risiken bei der Verletzung der Menschenrechte eingegangen.[115]

Weiterhin ist die BMW Group seit 2019 Bestandteil des UN Global Compact. Hierüber informiert die Gruppe in Ihrem GRI Bericht.[116] So verweis die BMW Group beispielhaft darauf, dass für alle Gesellschaften der Unternehmung dieselben Grundsätze für die Vergütung unabhängig von Geschlecht, Konfession, Herkunft, Alter, sexueller Orientierung und länderspezifischer Charakteristika vorliegen.[117] Das Unternehmen orientiert sich auch an den Empfehlungen der TCFD (Task Force on Climate-related Financial Disclosures), welche eine transparente Berichterstattung zu Klimarisiken und -chancen im Rahmen der Geschäfts- und Finanzberichte geben. Als Werkzeuge dienen hier der TCFD-Index und der CDP Fragebogen. Die BMW Group hat alle Infos zu beiden Bereichen im TCFD-Index zusammengefasst. So wie hier z. B. bei Themen wie Strategie, immer auf den Klimabezug eingegangen wird. Die BWM-Group bereitet sich mit dem Strategieprojekt „Anpassung an den Klimawandel" auf die Chancen und Risiken durch den Klimawandel vor und informiert hierzu im Konzernbericht. Es werden auch die

---

[110] Weiterführende Literatur: Global Compact (2022)
[111] Weiterführende Literatur: Based Targets Initiative (2022)
[112] Vgl. BMW Group (2022)
[113] Vgl. BMW Group (2020), S.5
[114] Vgl. BMW Group (2020), S. 357
[115] Vgl. BMW Group GRI Content Index, S. 12
[116] Vgl. BMW Group (2020), S.5
[117] Vgl. BMW Group GRI Content Index, S. 10

einzelnen Rubriken des Geschäftsberichts aufgeführt, die auf das Thema Strategie im Zusammenhang mit dem Klimawandel eingehen.[118] Weiterhin untersucht die BMW Group Ihre Geschäftsbeziehungen entlang der Lieferketten.[119] Hier ist auf Basis einer Studie kritisch anzumerken, dass im BMW Group Lagebericht nicht auf alle Rohstoffe eingegangen wird, obwohl diese durch Ihren Abbau auch viele Probleme verursachen wie z. B. Aluminium und Stahl. Dies kommt daher, da die Konzerne nicht dazu verpflichtet sind alle Lücken im Nachhaltigkeitsbericht zu schließen.[120]

Zusammenfassend lässt sich zusammenfassen, dass bei der BMW Group sehr detailliert auf die CSR-Berichterstattung eingegangen wird. Dies wird zum einen durch die vielen Informationen im Jahresabschluss deutlich und zum anderen aufgrund der Anwendung der Standards. Das Einbetten in die Nachhaltigkeitsstrategie der einzelnen gesetzlichen Richtlinien unterstreicht zusätzlich die Relevanz des Themas für BMW.[121]

---

[118] Vgl. BMW Group (2020), S. 359
[119] Vgl. BMW Group (2020), S. 357
[120] Vgl. Siever (2020)
[121] Vgl. BMW Group (2020), S. 357

Literaturverzeichnis

(1) Fachbücher, Zeitschriften und Vorträge

Ahrend, K.-M. (2016), Geschäftsmodell Nachhaltigkeit, Ökologische und soziale Innovationen als unternehmerische Chance, Darmstadt.

BMW Group (2020), Unsere Verantwortung. Unsere Zukunft. Bericht über die ökonomische Leistung der BMW Group und ihren ökologischen und gesellschaftlichen Beitrag, Geschäftsbericht 2020, München.

BMW Group GRI Content Index (2020), BMW Group GRI Content Index 2020, München.

Bowen, H. R. (1953), Social responsibilities of the businessman, New York.

Brundtland, G./Hauff, V. (1987), Unsere gemeinsame Zukunft – Der Brundtland-Bericht der Weltkommission für Umwelt und Entwicklung. Originaltitel: World Commission on Environment and Development: Our common future, Greven.

Carroll A./Shabana K. (2010), The business case for corporate social responsibility: a review of concepts, research and practice, International Journal of Management Reviews, 12. Jg., Nr. 1, S. 85-105.

DIN ISO 26000:2010 (2010), Guidance on social resposibility, Ausgabe 2010-11.

Eulerich, M./Welge M. (2021), Corporate-Governance-Management, Theorie und Praxis der guten Unternehmensführung, 3. Auflage, Dortmund, Duisburg.

Europäische Kommission (2001), Grünbuch Europäische Rahmenbedingungen für die soziale Verantwortung der Unternehmen. KOM (2001) 366 endgültig, Brüssel.

Europäische Kommission (2002), Mitteilung betreffend die soziale Verantwortung der Unter nehmen: ein Unternehmensbeitrag zur nachhaltigen Entwicklung. KOM (2002) 347 endgültig, Brüssel.

Europäische Kommission (2011a), Communication from the Commission to the Council and the European Parliament – A renewed EU strategy 2011–2014 for Corporate Social Responsibility, Brüssel.

Europäische Kommission (2011b), KOM (2011) 681 endgültig – Mitteilung der Kommission - Eine neue EU-Strategie (2011-14) für die soziale Verantwortung der Unternehmen (CSR), Brüssel.

Grunwald A./Kopfmüller J. (2012), Nachhaltigkeit, 2. Auflage, Frankfurt am Main.

Haase, H. (2020), Genug, für alle, für immer, Wiesbaden.

Hiller, M. (2018), Corporate Governanace, 3. Auflage, Studienbrief der SRH Fernhochschule, Riedlingen.

Jacob, M. (2019), Digitalisierung und Nachhaltigkeit, eine unternehmerische Perspektive, Zweibrücken.

Koch, F./Krellenberg, K. (2021), Nachhaltige Stadtentwicklung, die Umsetzung der Sustainable Development Golas auf kommunaler Ebene, Wien.

Lüdeke-Freund (2018), Unternehmerische Verantwortung und Nachhaltigkeit – Welche Rolle spielen Geschäftsmodelle, In: Bungard, P. (Hrsg.), CSR und Geschäftsmodelle auf dem Weg zum zeitgemäßen Wirtschaften, Köln, S.29-55.

Mayer, K. (2020), Nachhaltigkeit: 125 Fragen und Antworten, Wegweiser für die Wirtschaft der Zukunft, 2. Auflage, Hofheim.

Müller, S./Reinke, J. (2022), Regulatorische Vorgaben für eine Nachhaltigkeitsberichterstattung, Controller Magazin, 47. Jg., Nr. 1, S. 10-15.

Ninck, M. (1997), Zauberwort Nachhaltigkeit, Zürich.

Porter, M. & Kramer, M. (2006), Strategy & Society: The Link Between Competitive Advantage and Corporate Social Responsibility. Harvard Business Review 84. Jg., Nr. 12, S. 78–92.

Schaltegger S. (2013), Sustainability Management. In: Idowu, S./Capaldi, N./Zu, L./Das Gupta, A. (Hrsg.), Encyclopedia of corporate social responsibility, Berlin, Heidelberg, S. 2384–2388.

Schneider, A./Schmidtpeter, R. (2015), Corporate Social Responsibility, Verantwortungsvolle Unternehemnsführung in Theorie und Praxis, 2. Auflage, Wien, Köln.

Schneidewind U. (1998), Die Unternehmung als strukturpolitischer Akteur, Marburg.

Schröder, N. (2020), CSR-Richtlinie-Umsetzungsgesetz, Beurteilung aus Arbeitnehmerperspektive, Bochum.

Spießhofer, B. (2017), Unternehmerische Verantwortung zur Entstehung einer globalen Wirtschaftsordnung, Berlin.

Velte, Patrick (2017), Zukunft der nichtfinanziellen Berichterstattung – Das CSR Richtlinie-Umsetzungsgesetz als Zwischenlösung!?, Der Betrieb, 70. Jg., Nr. 48, S. 2813-2820.

Votaw, D. (1973), Genius Becomes Rare. In: Votaw, D./Sethi, S. P./Chatov, R./Blumberg, P. (Hrsg.), The corporate dilemma. Traditional values versus contemporary problems, Englewood Cliffs in New Jersey, S. 11–45.

Welzer, H. (2008), Klimakriege. Wofür im 21. Jahrhundert getötet wird, Frankfurt.

Wunder, T. (2017), Nachhaltiges Strategisches Management: Anknüpfungspunkte und Impulse für die praktische Strategiearbeit. In: Wunder, T. (Hrsg.), CSR und strategisches Management, Wie man mit Nachhaltigkeit langfristig im Wettbewerb gewinnt, Neu-Ulm, S. 1-45.

(2) Internetquellen

Based Targest Initiative (2022), How it works. In: https://sciencebasedtargets.org/how-it-works, abgerufen am 05.02.2022.

BMUV (2021), Ergebnisse der UN-Klimakonferenzen. In: https://www.bmuv.de/themen/klimaschutz-anpassung/klimaschutz/internationale-klimapolitik/un-klimakonferenzen/ergebnisse-der-un-klimakonferenzen, abgerufen am 11.02.2022.

BMW Group (2022), Nachhaltigkeit. In: https://www.bmwgroup.com/de/nachhaltigkeit.html, abgerufen am 05.02.2022.

BPB (2021), COP 26: UN-Klimakonferenz in Glasgow. In: https://www.bpb.de/kurz-knapp/hintergrund-aktuell/342741/cop-26-un-klimakonferenz-in-glasgow/, abgerufen am 11.02.2022.

Bundesministerium für Arbeit und Soziales (2022), Standards der CSR-Berichterstattung, In:https://www.csr-in-deutschland.de/DE/Unternehmen/CSR-Berichterstattung/Standards/standards.html, abgerufen am 05.02.2022.

Dieckmann von Bünau, D. (2013), Nachhaltigkeit – eine kurze Geschichte des Begriffs. In: https://divob.files.wordpress.com/2010/11/dieckmann-nachhaltigkeit-einfc3bchrung1.pdf. abgerufen am 05.02.2022.

DNK (2022), Der Nachhaltigkeitskodex, In: https://www.deutscher-nachhaltigkeitskodex.de/de-DE/Home/DNK/DNK-Overview. abgerufen am 05.02.2022

Global Compact (2022), Who we are. In: https://unglobalcompact.org/what-is-gc, . abgerufen am 05.02.2022.

GRI (2022), The global standards for sustainability reporting, In: https://www.globalreporting.org/standards/, abgerufen am 05.02.2022

IHK (2017), Die UN-Nachhaltigkeitsziele aus Sicht der Wirtschaft. In: https://www.ihk-muenchen.de/ihk/documents/CSR-Ehrbarer-Kaufmann/17-51-SGD-Studie_WEB_final.pdf, abgerufen am 11.02.2022.

Neubauer, B./Pitts-Turm, V. (2022), EU-Richtlinie zur Nachhaltigkeitsberichterstattung. In: https://www.vbw-bayern.de/vbw/Themen-und-Services/Nachhaltigkeit-CSR/EU-Richtlinie-zur-Nachhaltigkeitsberichterstattung.jsp, abgerufen am 05.02.2022.

Siever, L. (2020), Performance-Check Automobilindustrie: Verantwortungsvoller Rohstoffbezug? In: https://www.inkota.de/news/bmw-daimler-vw-wie-nachhaltig-sind-ihre-lieferkettenp, abgerufen am 05.02.2022.

Statistisches Bundesamt (2014), Nachhaltige Entwicklung in Deutschland: Indikatorenbericht, In: https://www.destatis.de/DE/Themen/Gesellschaft-Umwelt/Nachhaltigkeitsindikatoren/Publikationen/Downloads-Nachhaltigkeit/indikatoren-5850013149004.pdf?__blob=publicationFile, abgerufen am 12.02.2022.

UN (2015), A/RES/70 (25. September 2015): Transformation unserer Welt: die Agenda 2030 für nachhaltige Entwicklung. In: https://www.un.org/Depts/german/gv-70/band1/ar70001.pdf, abgerufen am 05.02.2022.

UNRIC (2022), Ziele für nachhaltige Entwicklung. In: https://unric.org/de/17ziele/, abgerufen am 05.02.2022.

(3) Gesetze

Handelsgesetzbuch (HGB) in der Fassung der Bekanntmachung vom 07.08.2021 (BGBl. I S. 3311), zuletzt geändert durch das Gesetz Gesetzes vom 03.06.2021 (BGBl. I S. 1534).

Lieferkettensorgfaltspflichtgesetz (LkSG) in der Fassung der Bekanntmachung vom 16.07.2021, Bundesgesetzesblatt Jahrgang 2021 Teil I Nr. 46 vom 22.07.2021.

Richtlinie 2014/95/EU des Europäischen Parlamentes und des Rates vom 22.10.2014, zur Änderung der Richtlinie 2013/34/EU im Hinblick auf die Angabe nichtfinanzieller und die Diversität betreffender Informationen durch bestimmte große Unternehmen und Gruppen, Amtsblatt der Europäischen Union L330/1.

Richtlinie 2013/34/EU des Europäischen Parlamentes und des Rates vom 26.06.2013 über den Jahresabschluss, den konsolidierten Abschluss und damit verbundene Berichte von Unternehmen bestimmter Rechtsformen und zur Änderung der Richtlinie 2006/43/EG des Europäischen Parlaments und des Rates und zur Aufhebung der Richtlinien 78/660/EWG und 83/349/EWG des Rates, ABl. L 182 vom 29.06.2013, S. 19.

Verordnung (EU) 2020/852 Europäischen Parlamentes und des Rates vom 18.06.2020 über die Einrichtung eines Rahmens zur Erleichterung nachhaltiger Investitionen und zur Änderung der Verordnung (EU) 2019/2088. Amtsblatt der Europäischen Union L198/13.